EL JUEGO DE LA CIENCIA

EXPERIMENTOS SENCILLOS CON FUERZAS Y ONDAS

Escrito e ilustrado por
Hans Jürgen Press

ONIRO

Colección dirigida por Carlo Frabetti

Título original: *Spiel das Wissen schafft*
Publicado en alemán por Ravensburger Buchverlag
(Selección páginas de la traducción al inglés, *Giant Book of Science Experiments*, de Sterling Publishing Co.: 1-9 y 165-258)

Traducido del inglés por Joan Carles Guix

Diseño de cubierta: Valerio Viano

Ilustraciones de cubierta e interiores: Hans Jürgen Press

Distribución exclusiva:
Ediciones Paidós Ibérica, S.A.
Mariano Cubí 92 - 08021 Barcelona - España
Editorial Paidós, S.A.I.C.F.
Defensa 599 - 1065 Buenos Aires - Argentina
Editorial Paidós Mexicana, S.A.
Rubén Darío 118, col. Moderna - 03510 México D.F. - México

© 1995 Ravensburger Buchverlag Otto Maier GmbH, Ravensburg
(Germany)
Título original en alemán: SPIEL DAS WISSEN SCHAFFT
(combined volume)

© 2006 exclusivo de todas las ediciones en lengua española:
  Ediciones Oniro, S.A.
  Muntaner 261, 3.º 2.ª - 08021 Barcelona - España
  (oniro@edicionesoniro.com - www.edicionesoniro.com)

ISBN: 84-9754-203-7
Depósito legal: B. 48.588-2005

Impreso en Hurope, S.L.
Lima, 3 bis - 08030 Barcelona

Impreso en España - *Printed in Spain*

Índice

Introducción

Este libro, que contiene 90 experimentos amenos y educativos al mismo tiempo, es ideal para el niño que quiera descubrir cómo funcionan las cosas y por qué son como son. El experimentador aprende a fabricar un resistente puente de papel, a visualizar la fuerza molecular, a construir instrumentos musicales, una cámara oscura o un microscopio, y también aprende los principios científicos subyacentes. Cada proyecto introduce paulatinamente al lector en algún aspecto fascinante de materias tales como la interrelación de fuerzas, la inercia, el sonido, la luz y las ilusiones ópticas. Está profusamente ilustrado e incluye instrucciones y explicaciones claras y sencillas sobre la causa y el efecto.

Con la apropiada supervisión de un adulto, los proyectos son seguros y fáciles de hacer. Los únicos materiales necesarios son simples herramientas y objetos cotidianos presentes en cualquier hogar. Este libro estimulará la capacidad de raciocinio de los niños de todas las edades, y también de sus padres, al tiempo que satisface su curiosidad.

INTERRELACIÓN
DE FUERZAS

1. Puente de papel

Forma un puente con una hoja de papel apoyándola entre dos vasos y pon un tercer vaso encima. El puente se vendrá abajo. Pero si doblas el papel en acordeón como se indica en la ilustración, soportará el peso del vaso.

Las superficies verticales son mucho menos sensibles a la presión y la tensión que las planas. La carga del vaso se distribuye entre varias paredes de papel inclinadas y sus respectivos pliegues, confiriéndoles una extraordinaria estabilidad. En la construcción, por ejemplo, la estabilidad se incrementa mediante paneles y losas moldeadas que forman secciones curvas y anguladas. Piensa en la fuerza del hierro y del cartón corrugados.

2. Caja irrompible

Pon sobre una mesa la cajetilla exterior de una caja de cerillas y, sobre ella, la cajetilla interior. Cualquiera se atrevería a pronosticar un desastre total si propináramos un buen puñetazo a la estructura. ¡Inténtalo! La caja casi siempre sale disparada sin sufrir daño alguno y describiendo una trayectoria curva.

La caja de cerillas es tan fuerte a causa de sus lados unidos verticalmente que la presión del puño se transmite hacia el exterior sin dañarla. La cajetilla, cuyas paredes laterales apenas se sostienen en una posición totalmente vertical, desvía la presión lateralmente.

3. Grietas en la pipa

ceniza de tabaco

Un hombre que ha dejado de fumar hace algunos meses descubre con sorpresa que sus pipas se han agrietado. ¿Cómo ocurrió? Cuando quemaba tabaco en su interior, la humedad contenida en las pequeñas hojitas se transformaba en vapor, penetraba por los poros de la madera de la pipa y, con el tiempo, se hinchaba. Asimismo, la ceniza del tabaco se depositaba en la pared interior de la pipa, formando una gruesa capa. Al dejar de fumar, la madera se secó y encogió. Pero dado que la ceniza endurecida mantenía su forma, la tensión creada agrietó la madera.

4. Huevo «duro»

¿Qué te apuestas a que eres capaz de romper nueces con las manos con más facilidad que un huevo crudo? Mete un huevo en una bolsa de plástico como precaución, agárralo con la mano ¡y apriétalo con todas tus fuerzas!

La presión de los dedos se distribuye uniformemente en todos los lados del huevo y es insuficiente, siempre que el cascarón no esté agrietado, para romperlo. Las superficies curvas son extremadamente resistentes. Esta propiedad se aprovecha en la construcción de arcos y puentes. Por su parte, los automóviles también tienen superficies curvas por la misma razón. Sin embargo, es fácil romper dos nueces en una mano, ya que la presión se concentra en los puntos de contacto.

5. Fuerza molecular visible

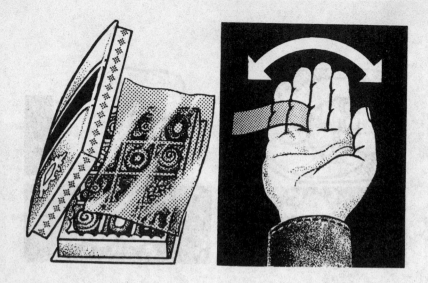

En el interior de las cajas de bombones suele haber una fina cubierta transparente de celofán, un material similar a la celulosa. Su finalidad es muy específica: regular la humedad. El celofán es un derivado de la madera y es higroscópico, es decir, absorbe el vapor de agua del aire, expandiéndose.

Realiza el experimento siguiente. Coge una tira de papel de celofán de 10 cm de longitud y sujétalo entre los dedos, de manera que con la palma de la mano abierta pueda oscilar libremente de un lado a otro. El lado vuelto hacia la mano se expande al absorber las moléculas de agua que escapan por los poros de la piel. Esta expansión en un lado hace que el papel oscile hacia el lado opuesto. Tras haber girado, transfiere el agua al aire seco y se contrae de nuevo.

6. La bola que gira

Coloca una canica sobre la mesa y cúbrela con un tarro de cristal. Con un poquito de habilidad, podrás hacer que suba por las paredes del bote y desplazar el bote cuanto quieras, sin darle la vuelta. Haz una apuesta con tus amigos más incrédulos.

El truco consiste en realizar movimientos circulares con el bote, haciendo girar la canica, que, sometida a presión, se adhiere a la pared interior del tarro gracias a la acción de la fuerza centrífuga. El estrechamiento del tarro en la boca evita que la canica salga del mismo al levantarlo de la mesa.

7. Ápice del huevo

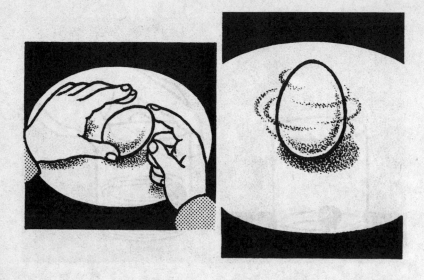

¿Cómo podrías diferenciar un huevo crudo de otro cocido sin romper el cascarón? Hazlos rodar en un plato, y el huevo cocido continuará girando. Dado que su centro de gravedad está situado en la mitad más gruesa, incluso se mantendrá en posición vertical como lo haría una peonza.

El líquido que contienen los huevos crudos impide este comportamiento. Teniendo en cuenta que la yema es más pesada que la clara, rueda a partir del centro del huevo al hacerlo girar. Esto se debe a la fuerza centrífuga, que interrumpe el movimiento hasta tal punto que apenas consigue balancearse.

8. Chuta la moneda

Pon sobre la mesa dos monedas en fila y en contacto, presiona una de ellas con el pulgar y «chuta» una tercera moneda contra la que estás sujetando.

Los cuerpos sólidos poseen una extraordinaria elasticidad, lo cual se puede apreciar, por ejemplo, en los resortes de acero. En nuestro experimento, las monedas están imperceptiblemente comprimidas al colisionar, pero rebotan hacia atrás, recuperan su forma original y transfieren la fuerza del impacto a la moneda suelta, que se desplaza hacia delante.

9. Fuga de monedas

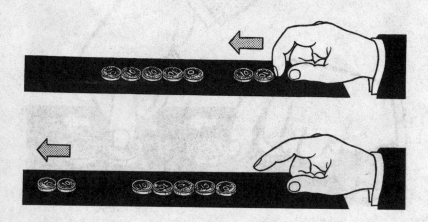

Coloca sobre una superficie plana varias monedas iguales en fila y en contacto. Pon otra a una cierta distancia de la fila y «chútala» con el dedo contra las demás. ¿Qué ocurre? La moneda situada en otro extremo de la fila se desplaza hacia delante. Repite el experimento, lanzando ahora dos monedas contra la fila. Esta vez, serán dos las que saldrán disparadas. Si lo haces con tres, se desplazarán tres, y así sucesivamente. Inténtalo también lanzando las monedas con mucha fuerza. El resultado será siempre el mismo.

Asombroso, ¿verdad? Es una simple ley física. Las monedas experimentan un impacto elástico al colisionar, y el mismo peso (número de monedas) que colisiona se transfiere en forma de movimiento en el extremo opuesto de la fila. La potencia del impacto determina la velocidad y recorrido de las monedas desplazadas, pero no influye en su número.

10. Papel imposible de cortar

Dobla una hoja de papel con un cuchillo según se indica en la ilustración. Podrás cortar una patata sin siquiera rasgarlo.

El cuchillo empuja el papel a través de la patata sin romperlo. Esto se debe a que la presión de la hoja en el mismo queda contrarrestada por la resistencia de la patata. Dado que ésta es más blanda que el papel, cede. No obstante, si sostienes el papel sobre la patata con firmeza, el equilibrio de presión se pierde y el papel se rompe.

11. Aumento de la resistencia de fricción

Tras haber regado la mitad del césped, un niño tira de la manguera hacia el otro lado del jardín. ¿Por qué al principio le resultará muy fácil desplazarla, pero a cada paso deberá tirar con más fuerza hasta que apenas pueda moverla?

Cuanto más avanza el niño, más larga es la sección de la manguera que queda detrás del bucle y que tiene que desplazar. Dado que la manguera está llena de agua, su peso aumenta a cada paso. La resistencia de la fricción que el niño tiene que contrarrestar se incrementa con el peso de la manguera a medida que ésta es arrastrada por el césped.

12. La alfombra mágica

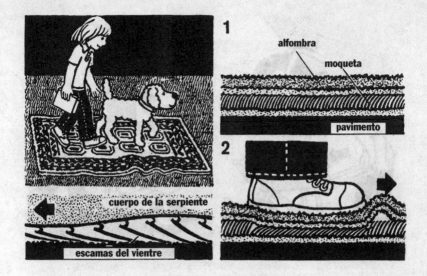

1 alfombra moqueta pavimento

2

cuerpo de la serpiente

escamas del vientre

Las alfombras voladoras sólo existen en los cuentos infantiles, pero las alfombras «errantes» son reales. Coloca una alfombra sobre la moqueta de tu casa. Cambiará de posición.

Las fibras de la moqueta, que gracias a su entretejido especial están orientadas todas ellas en una misma dirección, descansan sobre la cara inferior de la alfombra. Al caminar, las fibras de la moqueta se doblan. Cada fibra actúa a modo de palanca, y la fuerza de todas las fibras empuja hacia delante, a cada paso, la parte respectiva de la alfombra en un recorrido igual a su longitud.

Las serpientes se desplazan de una forma similar. Las escamas en el vientre se angulan una tras otra desde la cabeza hasta la cola y luego recuperan su posición plana inicial, adaptándose a las irregularidades del terreno e impulsando al animal hacia delante.

13. Carretilla

Subir un escalón con una carretilla empujando hacia delante es difícil. La rueda de goma queda atrapada en un ángulo de 90º. Pero si inviertes su posición y tiras de ella hacia atrás, la rueda supera fácilmente el escalón. Es fácil de comprender si tienes en cuenta el punto (D) en el que la rueda establece contacto con la superficie vertical del escalón. En el caso 1, la fuerza (K) transmitida desde las asas de la carretilla, se proyecta hacia abajo (D) y hace que la rueda gire ligeramente hacia atrás, quedando atorada en el ángulo del escalón, mientras que en el caso 2, la fuerza (K) se proyecta hacia arriba (D) y lo supera sin mayores problemas.

14. Carrete de hilo

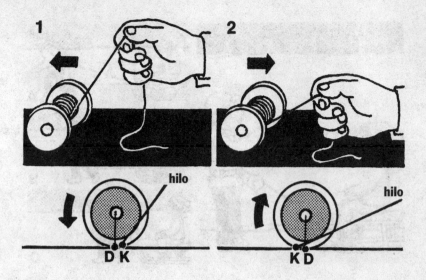

Un carrete de hilo rueda hacia delante al tiempo que se devana el hilo. ¿Podrías recuperar el carrete tirando del hilo? La respuesta depende del ángulo en el que tires. Si lo haces desde una posición elevada (ángulo agudo), seguirá rodando hacia delante, pero si abres el ángulo (ángulo obtuso), lo hará en la misma dirección en la que tiras.

Las diferentes direcciones de giro están causadas por el hecho de que el eje de giro (D) no está situado, como podrías imaginar, en el centro del carrete, sino allí donde toca el suelo. La fuerza (K) en el carrete se transmite en la dirección en la que tira el hilo y se mueve alrededor del punto de giro. En el caso 1, la fuerza (K) actúa sobre el carrete delante del punto de giro (D) y lo desplaza hacia atrás, mientras que en el caso 2, actúa detrás del mismo (D), impulsándolo hacia delante.

15. Fuerzas en un trineo

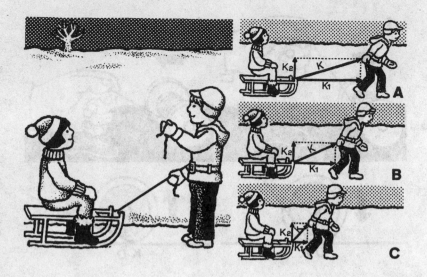

Un niño tira de un trineo en un lago helado. Tras haberse roto un trozo de cuerda, el niño cree que ahora será mucho más difícil que antes tirar del trineo. ¿Es cierto?

Un diagrama de las fuerzas que actúan en el trineo muestra que la longitud de la cuerda influye en su movimiento. Con una cuerda larga (A), el niño tira con la fuerza (K) ligeramente desplazada hacia arriba. Esta fuerza se puede visualizar en forma de dos fuerzas separadas, K_1 y K_2. K_1 es importante porque es la que se encarga de desplazar el trineo hacia delante, mientras que K_2 eleva innecesariamente el trineo. En el caso de la cuerda más corta (B), la relación de las fuerzas empeora: K_2 permanece inmutable, pero K_1 disminuye. Por último, con una cuerda aún más corta (C), el trineo se elevaría más que avanzaría.

16. Distribución de fuerzas

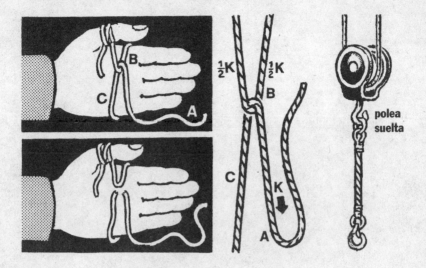

Es increíblemente fácil romper una cuerda si la colocas, como en la ilustración, alrededor de la mano y tiras rápidamente de un extremo (A). La rotura se produce siempre por encima del bucle B. ¿Por qué?

Al tirar bruscamente, la fuerza (K) se transmite principalmente al bucle (B), influyendo mínimamente en la sección C. La fuerza se distribuye en las dos mitades del bucle, firmemente sujetas alrededor del pulgar y el dorso de la mano, de manera que sólo la mitad de la fuerza actúa en cada una de ellas. En consecuencia, el extremo de la cuerda (A) queda sometido a la máxima tensión y sus fibras se debilitan por encima del bucle a causa de la fricción. La distribución de las fuerzas en la polea de una grúa es similar. Basta con que la cuerda que pasa alrededor de la polea sea la mitad de resistente que la que cuelga por debajo de ella.

INERCIA

17. Inercia en el tren

En un compartimiento de un tren hay una botella vacía en el suelo. Rueda adelante y atrás cada vez que aquél se detiene y arranca. ¿Qué fuerzas intervienen en este movimiento? Según la primera ley de Newton, un cuerpo permanece en estado de reposo o se desplaza a una velocidad constante a menos que una fuerza actúe sobre él. Esta resistencia para cambiar su estado de movimiento se llama «inercia». Cuando el tren se pone en marcha, la botella quiere permanecer en su estado de reposo, pero el suelo del vagón tira literalmente de ella en la dirección del tren, y al frenar, quiere continuar moviéndose y rodando en la dirección del tren. Cuando el tren se desplaza a una velocidad constante, la botella permanece inmóvil.

18. Test de inercia

La policía da el alto a un embaldosador que circula con su furgoneta, acusándolo de haber sido la causa del accidente que se ha producido detrás de ella y en el que se han visto implicados varios automóviles, asegurando que frenó bruscamente en un cruce. ¿Cómo pueden demostrar que el conductor conducía con negligencia y que frenó repentinamente?

Los montones de baldosas que transporta en la parte posterior de la furgoneta estaban, al principio, bien apiladas. De haber frenado bruscamente, las baldosas, que según su peso tienen una mayor inercia y se deslizan fácilmente sobre su superficie lisa a causa de la escasa fricción, se habrían desplazado hacia delante en la dirección del movimiento.

19. El lápiz estable

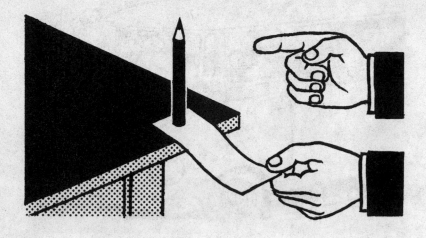

Sujeta una tira de papel sobre una mesa lo más lisa posible y coloca un lápiz sobre ella en posición vertical. ¿Puedes retirar el papel sin que se caiga el lápiz? Si tiras lentamente, sin duda se caerá. El experimento sólo funciona si lo haces muy rápidamente, golpeando la tira de papel por el centro con el dedo índice de la otra mano.

Todo cuerpo tiende a permanecer en la misma posición o estado de movimiento en el que se encuentra. El lápiz resiste el rápido movimiento, permaneciendo en el mismo lugar y sin caerse.

20. Tesoro en la torre

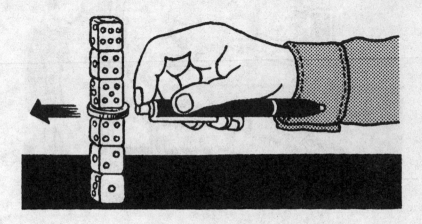

Construye una torre de seis dados y coloca una moneda en medio. La torre es muy inestable. Así pues, ¿cómo puedes retirar la moneda sin tocarla ni derribar la torre?

Sostén un bolígrafo de cierre automático muy cerca de la moneda. Si accionas el mecanismo de cierre y golpeas la moneda, saldrá disparada de la torre. El movimiento del resorte en espiral del bolígrafo se transfiere rápidamente a la moneda a causa de la escasa fricción, y no al dado, que, debido a su peso, tiene una inercia bastante mayor.

21. Huevo-bomba

Pon un tablero sobre un vaso de agua, coloca una caja de
cerillas sobre él y encima de ella un huevo crudo. ¿Puedes
hacer caer el huevo al agua sin tocarlo? ¡Tira rápidamente
del tablero! ¡El huevo se dará un buen chapuzón sin sufrir
el menor daño! O, si no confías en tirar del tablero con la
suficiente rapidez, puedes recurrir a dar un golpe con el
mango de un cepillo del suelo tal como muestra la ilustración.

Debido a su peso, la inercia del huevo es tan elevada
que no se transmite con el movimiento rápido. Por otro
lado, la caja de cerillas, muy ligera, sale volando, ya que
su inercia es muy escasa.

22. El leño perezoso

Ata dos trozos de cuerda de igual grosor a un bloque de
madera o cualquier otro objeto pesado. Cuelga la madera
de una cuerda y tira de la otra. ¿Qué sección se romperá?

Si tiras lentamente, la tensión y el peso adicional del
objeto hace que se rompa la sección superior de la cuerda,
pero si lo haces rápidamente, la inercia del bloque evita la
transferencia de la fuerza total a la sección superior, y se
rompe la inferior.

23. Cortando una manzana

Practica un corte lo bastante profundo en una manzana como para que al levantarla quede sujeta a la hoja. Ahora golpea la hoja con el dorso de otro cuchillo. Tras varios impactos, la manzana se partirá por la mitad.

En el siglo XVI, el famoso científico italiano Galileo descubrió que todos los cuerpos oponen resistencia al cambio de posición o estado de movimiento. Es lo que llamamos «inercia», que evita que la manzana siga la dirección del impacto del cuchillo. En realidad, empuja poco a poco sobre la hoja hasta partirse.

24. Disparo de monedas

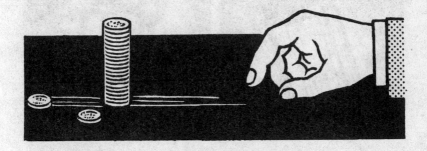

Construye sobre una mesa lo más lisa posible una torre con veinte monedas iguales. ¿Cómo puedes retirarlas de una en una por el extremo inferior sin tocarlas? Lanza con fuerza otra moneda «chutándola» con el dedo, de manera que impacte en la moneda situada en la base de la torre. Saldrá disparada hacia delante.

Si apuntas bien, conseguirás repetir este proceso hasta que quede sólo una. La inercia de la columna es tan grande que la fuerza de la moneda lanzada no es suficiente para moverla o derribarla.

25. Inercia de los gases

Si balanceas un farolillo adelante y atrás, observarás que la llama también se mueve de un lado a otro, aunque curiosamente la dirección del movimiento no es la esperada, sino la opuesta. ¿Cuál es la causa?

Dado que el aire en el interior del farolillo es más frío y por lo tanto más pesado que el gas caliente de la llama, también tiene una mayor inercia. El aire presiona el lado del farolillo opuesto a la dirección del movimiento y crea una presión ligeramente más elevada. Cada vez, la llama se desplaza hacia el lado en el que el aire es más ralo. De igual modo, el agua se acumula en el borde de un vaso o cubo al balancearlo.

26. Fuerza centrífuga

Con el tiempo, la pista de entrenamiento de un hipódromo, en la que los caballos trotan en círculo, se inclina cada vez más. Al igual que el borde de un plato, acaba siendo considerablemente más alta en el exterior que en el interior. ¿Por qué?

En un movimiento circular, la inercia, que se proyecta desde el centro de la pista hacia el exterior, incide en el caballo y el jinete, lo cual se puede observar en forma de restos de suciedad en los cascos del caballo, que no siguen su movimiento circular, sino que salen proyectados hacia el exterior de la pista en la dirección de los vectores tangentes al círculo.

La misma inercia es visible al remover el café en una taza. Los granitos, de haberlos, se desplazan hacia el borde, donde se acumulan.

27. Circunferencia variable

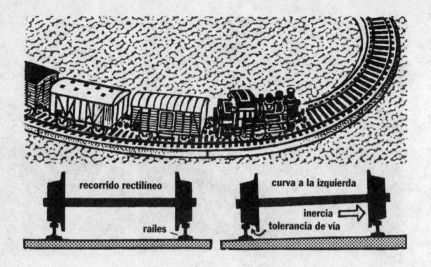

En una vía circular de un tren de juguete de 1,80 m de longitud, el raíl exterior es 30 cm más largo que el interior. En consecuencia, en el raíl exterior las ruedas del tren deberían girar más deprisa que las que se desplazan por el interior, pero están firmemente sujetas en un mismo ángulo. ¿Cómo se soluciona este problema?

Las ruedas, al igual que las de los trenes de verdad, tienen una cierta tolerancia para desplazarse lateralmente en la vía sobre bandas cónicas de rodamiento, girando con diferentes diámetros en contacto con las vías al desplazarse lateralmente. En una vía recta, esto hace que el tren se desvíe del centro, y en las curvas, la inercia desplaza las ruedas hacia el exterior, de manera que giran en el raíl exterior con una mayor circunferencia de rueda, recorriendo más distancia por revolución que en el raíl interior.

28. Acción y reacción

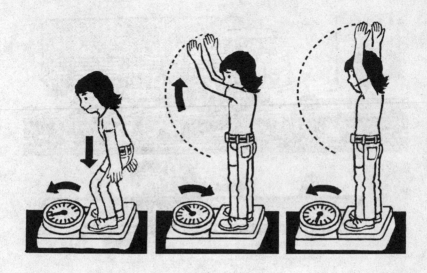

Algunas personas creen que pueden pesar menos en una balanza flexionando lentamente las rodillas. ¿Es cierto? Y si lo es, ¿aumentará el peso al estirar los brazos hacia arriba?

Según la tercera ley de Newton, a cada acción le corresponde una reacción igual y opuesta. Así pues, al levantar los brazos, el cuerpo desciende, ejerciendo más presión en la balanza, con lo cual la aguja se desplaza hacia la derecha. Cuando los brazos están completamente estirados y su inercia tira hacia arriba, la presión en la balanza disminuye, y la aguja gira brevemente hacia la izquierda. Pues bien, al flexionar las rodillas ocurre todo lo contrario, y la balanza indica menos peso. Sólo al detener el movimiento vuelve a señalar el peso correcto.

29. Fuerzas opuestas

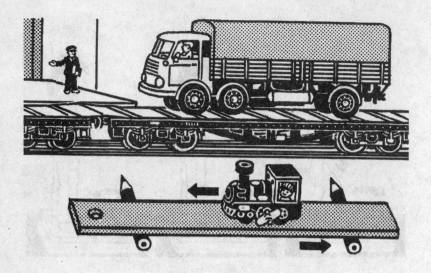

Un tren de mercancías está estacionado junto a una plataforma de carga mientras un camión cargado hasta los topes rueda sobre el tren en dirección a la plataforma. ¿Por qué habrá que bloquear las ruedas del tren para que queden bien sujetas a la vía y evitar así que se mueva?

Según la tercera ley de Newton, sin bloqueo el tren rodaría lentamente hacia atrás mientras el camión avanza.

Veamos el siguiente experimento. Si pones una regla sobre dos lápices cilíndricos y colocas un juguete de cuerda (locomotora, coche, etc.) sobre ella, éste se desplazará hacia delante, al tiempo que la regla se mueve hacia atrás. Si los dos objetos tienen el mismo peso, se moverán a la misma velocidad; si la regla es más pesada que el juguete, éste rodará más deprisa; y si es más ligera, será ésta la que se desplace a mayor velocidad.

SONIDO

30. Flauta

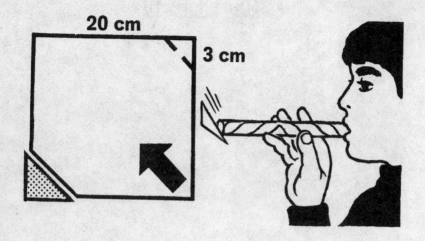

Coge un cuadrado de papel, recorta una esquina y luego practica dos hendiduras en la esquina opuesta. Enrolla el papel en la dirección de la flecha según se indica en la ilustración para formar un cilindro del grosor de un lápiz, doblando la esquina con hendiduras para tapar la abertura. Inspira profundamente a través del tubo y oirás un fuerte sonido grave. El aire que entra succiona la esquina de papel, pero dado que no está sujeta, empieza a vibrar. La vibración es relativamente lenta, y de ahí que la nota sea grave.

31. Pajita de refresco musical

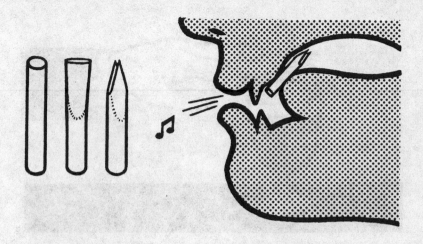

Corta un trozo de pajita de refresco de alrededor de 3 cm
de longitud, presiona uno de los extremos y recórtalo en
punta. Si te introduces la pajita en la boca y la apoyas en
la parte frontal del paladar, podrás emitir varias notas al
soplar.

Las lengüetas en punta de la pajita se mueven rápidamente al pasar el aire, y el sonido de la nota es bastante
agudo. Muchos instrumentos musicales se basan en este
sencillo principio.

32. Órgano de agua

Llena de agua hasta la mitad una copa de cristal fino, humedécete el dedo índice y deslízalo lentamente por el borde de la copa. Con un poco de práctica, conseguirás una nota continua y realmente fascinante.

Este experimento da mejores resultados si te acabas de lavar las manos, pues el dedo frotará el cristal dando imperceptibles saltitos. La copa empieza a vibrar, produciendo una nota, y la vibración se puede apreciar perfectamente en la superficie del agua. Si el dedo está grasiento, se desliza con suavidad sobre el cristal sin generar la suficiente fricción. La tonalidad de la nota depende de la cantidad de agua que haya en la copa.

33. Transferencia del sonido

Si lo deseas, puedes ampliar el experimento anterior. Coloca dos copas similares de cristal fino a una distancia de 2-3 cm y desliza lentamente tu dedo índice recién lavado por el borde de una de ellas. Oirás un sonido fuerte y continuado. Misteriosamente, la segunda copa vibra con el primero. Puedes observar esta vibración colocando un trocito de alambre sobre ella.

La vibración de la primera copa se transmite a la segunda a través de las ondas acústicas en el aire. Esta «resonancia» sólo se produce si las copas producen notas de la misma tonalidad. Si la segunda copa no emite sonido alguno, vierte un poquito más de agua en una u otra hasta conseguir la misma nota.

34. Campana

Ata un tenedor en mitad de un trozo de hilo de 1 m de longitud, enrolla varias veces los extremos del mismo alrededor de tus dedos índice y mete las puntas de los mismos en los oídos. Deja que el tenedor golpee contra un objeto duro. Si a continuación tensas el hilo, oirás un sonido parecido al de una campana.

El metal vibra como un diapasón cuando golpea un objeto duro. En este caso, la vibración no se transmite a través del aire, sino del hilo, y el dedo la canaliza hasta el tímpano.

35. Pasos en una bolsa

Atrapa una mosca con una bolsa de papel, ciérrala y sostenla horizontalmente sobre el oído. Si la habitación está en silencio podrás oír el repiqueteo de sus seis patas y otros ruiditos curiosos con claridad.

El papel se comporta a modo de parche de un tambor. Aunque sólo lo golpean las minúsculas patas del insecto, empieza a vibrar y transmite un ruido tan fuerte que cualquiera imaginaría que se trata de un animal más grande.

36. ¿Instrumento musical?

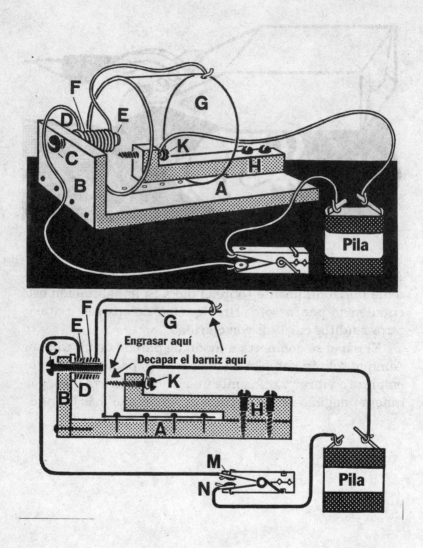

Engrasar aquí

Decapar el barniz aquí

Pila

Clava una lata metálica lo más grande posible (G) en un tablero (A) y practica un orificio en otro tablero (B), clavado a un lado, a través del cual puedas introducir un tornillo de hierro (C) en el centro de la base de la lata. Entre el tornillo y la lata debería quedar un pequeño espacio. Envuelve el tornillo con un poco de papel (E), y luego enrolla 2 m de cable eléctrico con revestimiento plástico (F). En el interior, un tornillo para madera (K) fijado de manera que se pueda mover en una pieza de madera (H) debe estar en contacto con la base de la lata. Decapa un poco el revestimiento metálico situado frente a la punta del tornillo y engrásalo con una gotita de aceite. Une todas las partes correctamente con cable eléctrico, retirando el plástico aislante y el barniz de la lata en los puntos de contacto. Una pinza de tender la ropa con dos tachuelas (M y N) actúa a modo de tecla del instrumento. Si la pulsas, oirás un sonido muy fuerte.

El aparato funciona sobre la base del mismo principio que la bocina de un automóvil. Si cierras el circuito pulsando la tecla, el tornillo C se magnetiza y atrae la base de la lata, interrumpiéndose frente al tornillo K. El tornillo C pierde su magnetismo y la base de la lata salta hacia atrás hacia el tornillo K. El proceso se repite tan deprisa que la vibración de la lata produce el sonido de una especie de cuerno inglés, un instrumento muy habitual en las orquestas sinfónicas.

37. Velocidad del sonido

Dado que las ondas acústicas viajan por el aire a una velocidad aproximada de 1,6 km cada 5 segundos, puedes calcular la distancia en kilómetros de un rayo dividiendo por 5 el número de segundos entre el relámpago y el sonido del trueno. Pero ¿por qué el rumor del trueno dura mucho más tiempo que el flash del rayo?

Los truenos tienen su origen en la rápida expansión del aire calentado a altísimas temperaturas a lo largo del relámpago, que a menudo puede tener 1,6 km de longitud o incluso más. Las ondas acústicas derivadas de esta prolongada explosión necesitan diferentes cantidades de tiempo para llegar hasta nuestros oídos, ya que algunas partes del relámpago están más alejadas de nosotros que otras. Tras oír el estrépito del rayo, que se retrasa y debilita a medida que aumenta la distancia, a menudo puedes oír un débil sonido de murmullo: el reflejo de las ondas acústicas.

LUZ

38. Cámara

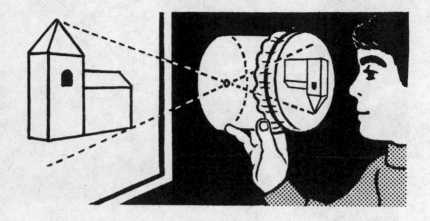

Practica un pequeño orificio en el centro de la base de una caja cilíndrica, tensa un papel encerado sobre la boca de la caja y asegúralo con un aro de goma. Si enfocas esta simple cámara hacia un edificio o un objeto muy iluminado desde una habitación oscura, la imagen aparecerá del revés en la pantalla de papel encerado.

Nuestros ojos funcionan siguiendo el mismo principio. Los rayos de luz pasan a través de la pupila y el diafragma, proyectando una imagen invertida en la retina. Luego, el cerebro procesa la imagen que ha recibido la retina y la puede ver en la posición correcta.

39. Microscopio

Practica un orificio de 0,5 cm en una tira metálica y lija los bordes. Dóblala para poder pegarla con cinta adhesiva a 1 cm de la base de un vaso de cristal fino vuelto del revés. Apoya un espejito sobre un tapón de corcho en posición horizontal para que quede inclinado y cúbrelo con el vaso. Si dejas caer una gotita de agua en el orificio, podrás observar pequeños organismos reflejados en el espejo, en una imagen ampliada hasta cincuenta veces.

La gota amplía las imágenes al igual que una lente convexa. La nitidez de la imagen se puede ajustar doblando la tira metálica hacia dentro. El ángulo del espejo se ajusta automáticamente desplazando el vaso con el fin de suministrar luz al «microscopio»

40. Fuego a través del hielo

¡Aunque no lo creas, puedes encender un fuego con hielo! Vierte un poco de agua previamente hervida durante varios minutos en un cuenco simétricamente curvado, y luego congélalo. Retira el hielo calentándolo un poquito en agua tibia. Concentra los rayos del sol con el bloque de hielo como lo harías con una lupa e intenta encender un papel fino y negro. El papel negro funciona mejor porque no refleja el calor, sino que lo absorbe.

El aire presente en el agua corriente forma diminutas burbujas al congelarse, confiriendo al hielo una traslucidez opaca, pero el agua hervida apenas contiene aire, y cuando se congela, el hielo es transparente. Los rayos solares sólo se enfrían imperceptiblemente al pasar a través del hielo.

41. ¡La cuchara se acorta!

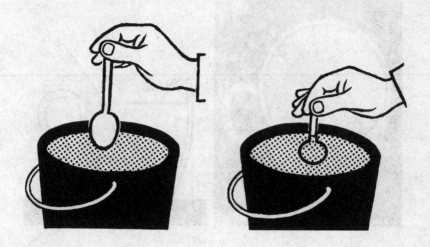

Mira el borde de un cubo de agua desde la vertical y sumerge una cuchara en posición igualmente vertical. ¡Parece mucho más corta debajo del agua!

Esta ilusión óptica se basa en el hecho de que los rayos de luz que se reflejan en la cuchara no viajan en línea recta hasta nuestros ojos, sino que se curvan y angulan al llegar a la superficie del agua. De ahí que veas el extremo de la cuchara más arriba. A causa de la refracción de la luz, el agua siempre parece menos honda de lo que es en realidad. Los indios americanos también lo sabían, y si querían pescar un pez con una flecha o una lanza, apuntaban mucho más abajo del lugar en el que parecía estar el pez.

42. Juego de sombras

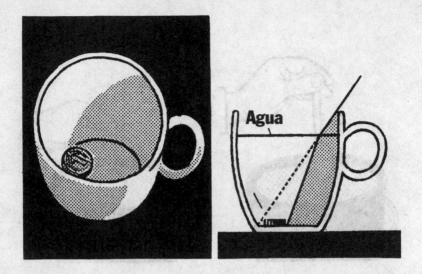

Agua

Introduce una moneda en una taza cerca de un lado, coloca la taza bajo luz oblicua de manera que la sombra del borde cubra la moneda. ¿Cómo retirarías la moneda de la sombra sin mover la taza ni la moneda ni utilizar un espejito?

¡Muy fácil!, desviando los rayos de luz. Llena la taza de agua y la sombra se desplazará. Los rayos luminosos no viajan en línea recta al incidir en la superficie del agua, sino que se curvan y angulan hacia abajo.

43. El lápiz roto

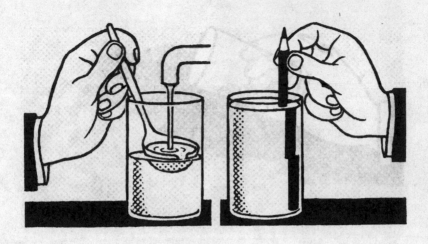

Llena un vaso hasta la mitad con una solución salina concentrada y luego llénalo hasta el borde, despacio, con agua corriente. Usa una cuchara para que las dos capas no se mezclen. Si sumerges un lápiz junto al lado del vaso, dará la impresión de estar roto en tres partes.

La primera rotura aparente se produce porque los rayos de luz procedentes del lápiz sumergido se desvían al salir del agua y entrar en contacto con el aire. La segunda se produce porque el agua salada tiene una composición diferente del agua pura, con lo cual, el ángulo de refracción es igualmente diferente. La mayor o menor cantidad de desviación de los rayos de luz al pasar de una sustancia a otra depende de la «densidad óptica» de cada una de ellas.

44. Nube de gas

Si echas un poco de bicarbonato sódico y vinagre en un vaso, la solución liberará dióxido de carbono. En general, el gas suele ser imperceptible, pero puedes verlo si inclinas el vaso con su contenido espumoso frente a un fondo de luz en un lugar soleado. Verás el gas, que es más pesado que el aire, fluyendo del vaso en las áreas oscuras e iluminadas.

El dióxido de carbono y el aire tienen densidades ópticas diferentes. De ahí que los rayos de luz se desvíen al pasar a través de ellos. Las áreas iluminadas en la pared que se forman allí donde, a causa de la refracción, la luz dispersa se desvía hacia ellas, y las áreas en penumbra se pueden observar allí donde la luz se desvía en la dirección opuesta.

45. Lápices mágicos

Mira a través de un bote de cristal lleno de agua. Si colocas un lápiz a 1 m de distancia detrás del bote, su imagen aparece duplicada. Si cierras el ojo izquierdo, el lápiz de la derecha desaparece, y si cierras el derecho, desaparece el izquierdo.

A través de una lupa ordinaria los objetos distantes reducen su tamaño. El recipiente de agua se comporta de un modo similar, pero al ser cilíndrico, puedes mirar al través desde todas las direcciones. En nuestro experimento, los dos ojos miran a través del bote desde un ángulo diferente, de manera que cada uno ve una imagen más pequeña del lápiz.

46. ¡Invisible!

Durante un descanso en una pista forestal, los niños observan un conejo que, dando saltitos, sale de la espesura y se dirige directamente al automóvil. «No puede vernos», dice papá. ¿Está en lo cierto?

Cuando el conejo se sienta cerca del coche, desde su posición sólo ve el reflejo del cielo y de los árboles en los cristales de las ventanillas, que están ligeramente inclinados. Dado que en el interior del vehículo está más oscuro que fuera del mismo, la imagen de las personas queda nublada por la imagen brillante que se refleja en las ventanillas. Los haces luminosos inciden en un ángulo tan abierto en la superficie del cristal que se reflejan directamente en los ojos del conejo.

47. Atraparrayos

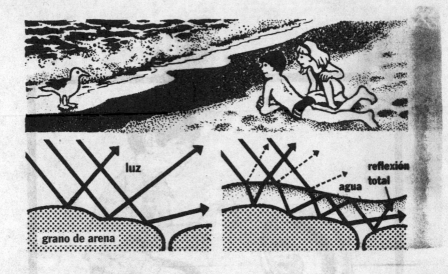

luz

grano de arena

reflexión total

agua

La arena húmeda **parece más** oscura que la arena seca.
Pero si el agua es **incolora y** transparente, ¿qué produce
este fenómeno?

La arena está formada por diminutos granitos de cuarzo.
Las superficies suaves de cada grano reflejan los rayos del
sol en todas direcciones. En consecuencia, la arena seca da la
sensación de ser casi blanca. En la arena húmeda, una parte
de la luz es absorbida por una fina capa de agua que rodea
cada grano. Algunos rayos luminosos se reflejan en ellos de
tal forma que inciden en la superficie situada entre el aire y
el agua, desviándose hacia el agua. Esto significa que sólo
los rayos que inciden en un ángulo agudo, donde el aire y el
agua coinciden, llegan hasta el ojo, además, claro está, de la
luz que ya está siendo reflejada sobre la capa de agua y que
le confiere su clásico brillo.

48. Estación de energía solar

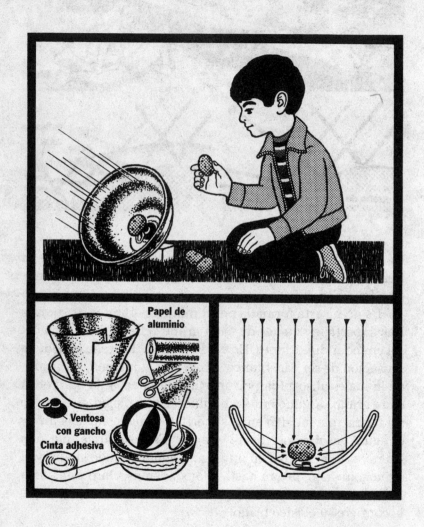

Papel de aluminio

Ventosa con gancho

Cinta adhesiva

La radiación solar se puede concentrar en un cuenco y usarla para cocinar. Coge un bol de sopa o un cuenco para ensaladas, con una base lo más pequeña posible, y fórralo con papel de aluminio, con la cara brillante hacia fuera. Pega el borde del papel con cinta adhesiva y alisa los pliegues con una cuchara hasta que refleje la luz como si se tratara de un espejo. Retira un poco de papel en la base del bol para poder pegar una ventosa con un gancho, en el que colocarás una patata pequeña cruda. En un día cálido, si orientas la «cocina» hacia el sol de mediodía, la patata se calentará poco a poco y, transcurrido algún tiempo, se cocerá.

Debido a la rotación de la Tierra, deberás realinear el bol de vez en cuando. Los rayos solares que inciden en el papel de aluminio se concentran en el centro, donde está la patata. En las regiones tropicales, la gente utiliza con frecuencia espejos cóncavos para cocinar. ¿Sabías que la electricidad se puede producir en grandes centrales eléctricas utilizando la radiación solar?

49. Calientadedos

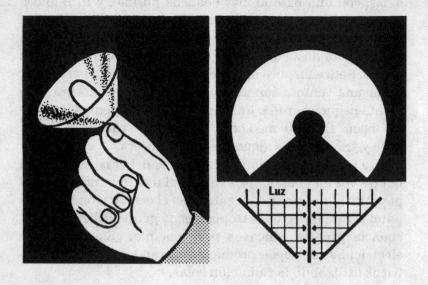

Confecciona un embudo con papel de aluminio tal y como se indica en la ilustración, introduce el dedo en el orificio, oriéntalo hacia el sol de mediodía y notarás cómo se calienta.

Los rayos del sol se reflejan en las paredes del embudo, concentrándose en su eje central, donde precisamente se halla el dedo. Si pones el dedo en el espejo cóncavo de un faro de bicicleta, los rayos solares lo calentarán muchísimo, pues convergen en un punto, el punto focal del espejo cóncavo en el que suele estar situada la bombilla. El calor producido es tan insoportable que sería fácil prender fuego con el espejo.

50. El bote mágico

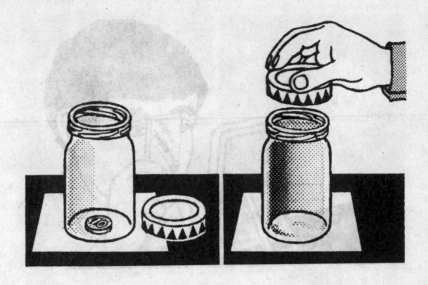

Si colocas un bote de cristal sobre una moneda, parecerá como si en realidad estuviera dentro del mismo. Ahora, si viertes agua en el bote y ajustas la tapa... ¡abracadabra!, ¡la moneda ha desaparecido como si se hubiera disuelto en el agua!

Cuando el bote está vacío, los rayos de luz se reflejan en la moneda y llegan hasta nuestros ojos de una forma habitual, pero si está lleno de agua, no siguen este recorrido. Al incidir en el agua desde abajo y en ángulo, se reflejan de nuevo hacia atrás desde la base del bote. Es lo que denominamos «reflexión total». En la base sólo se distingue un brillo plateado.

51. Visión hasta el infinito

Sostén un espejito entre los ojos de manera que puedas mirar otro espejo más grande por los dos lados. Si los pones paralelos, verás una serie interminable e infinita de espejos que se pierde en la distancia.

Dado que el cristal del espejo brilla con un matiz ligeramente verdoso, una parte de la luz es absorbida en cada reflejo, y en consecuencia, la imagen se difumina cada vez más a medida que aumenta la distancia.

52. Ilusiones ópticas con espejos

Consigue tres secciones de espejo de 7 x 10 cm aproximadamente. Límpialos bien y únelos con cinta adhesiva, con la superficie reflectante hacia dentro, formando una estructura triangular. Forra el exterior con papel de colores. Si miras oblicuamente el interior del prisma desde la vertical del mismo, verás un mágico mundo de ilusiones ópticas. Si introduces un dedo, su imagen se multiplicará por seis en todas direcciones y en una serie interminable; si colocas una flor, podrás contemplar un prado florido que se perderá en la lejanía; y si pones dos figurillas, podrás asistir a un maravilloso espectáculo en un inmenso salón de baile repleto de espejos.

53. Visor de luz

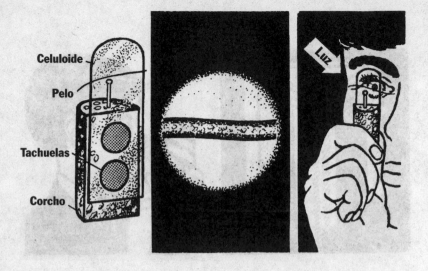

Celuloide
Pelo
Tachuelas
Corcho
Luz

Clava un alfiler en un tapón de corcho partido por la mitad longitudinalmente y pega una tira de celuloide con tachuelas para proteger tus ojos. Si miras el minúsculo reflejo de la luz en la cabeza del alfiler bajo una lámpara mientras sostienes el visor frente a un ojo, aparecerá en forma de círculo de luz del tamaño de un plato. Humedece el celuloide, adhiere un pelo y lo verás ampliado hasta la anchura de un dedo en el círculo de luz.

La cabeza del alfiler actúa a modo de pequeño espejo convexo. La luz que incide en ella se dispersa al reflejarse e irradia una imagen de campo amplio en la retina.

54. Molino de luz

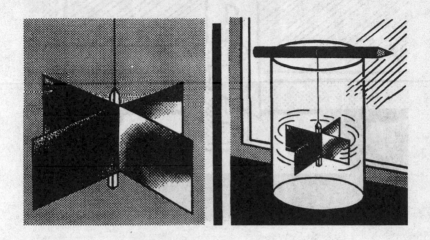

Recorta cuatro trozos de papel de aluminio de 3 x 5 cm y pégalos en una cerilla como si se tratara de las palas de una rueda de molino, con las caras brillantes mirando en la misma dirección. Ennegrece las caras mate colocando el papel sobre la llama de una vela. Pega un hilo fino en uno de los extremos de la cerilla y déjalo secar. Coloca un bote de cristal cilíndrico y alto en un lugar soleado, cuelga el molinete en su interior suspendido de un lápiz (véase ilustración) y pronto empezará a girar sin detenerse.

Como sabemos, las superficies oscuras se calientan más deprisa bajo la luz solar que las pálidas. Esta diferencia de calor es el secreto del molino de luz. La cara del papel ennegrecida por el humo de la llama de la vela absorbe los rayos de luz y se calienta diez veces más que las reflectantes. La diferencia en la cantidad de calor irradiado por las caras de las hojas de papel provoca la rotación.

55. Espectro solar

Pon una hoja de papel blanco en el alféizar de una ventana y coloca sobre ella un vaso de cristal especular lleno de agua hasta el borde. Recorta una tirilla de papel de una anchura aproximada de un dedo en el centro de una hoja y pega ésta en el vaso con cinta adhesiva. Un haz de luz solar se filtrará por la hendidura e incidirá en la superficie del agua. En el papel podrás observar un fantástico espectro cromático: franjas de color rojo, anaranjado, amarillo, verde, azul, añil y violeta. Cada color tiene su propia longitud de onda, que determina el grado de desviación del haz luminoso al atravesar el vaso.

Este experimento sólo se puede realizar por la mañana temprano o al atardecer, cuando la luz del sol se proyecta en ángulo. Se refracta en la superficie del agua y de nuevo en el lado del vaso, separándose en los colores que la componen.

56. Espectro en una pluma

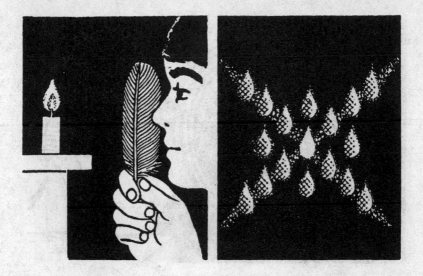

Sostén una pluma de ave frente a un ojo y mira la llama de una vela desde 1 m de distancia. La llama parece multiplicarse, formando un diseño en «X», titilando con los colores del espectro cromático.

El diseño se produce cuando la luz pasa entre las finas vellosidades de la pluma y se desvía, es decir, se refracta y se separa en los colores del arco iris. Y dado que ves varias ranuras al mismo tiempo, la llama se repite muchas veces. Las imágenes aparecen espaciadas y formando rendijas estrechas de bordes bien definidos.

57. Aro cromático

En el cielo, el arco iris forma un semicírculo, pero si lo deseas, puedes crear un círculo completo con la ayuda de la luz del sol. Sal al jardín al atardecer, súbete a un taburete con el sol a tus espaldas y proyecta un finísimo chorro de agua pulverizada con la manguera. ¡Un arco iris circular aparecerá ante tus ojos!

La luz del sol se refleja en las gotas de agua, que relucen con los siete colores del espectro, aunque en realidad, los colores de las gotitas sólo son visibles cuando caen en una zona circular en un ángulo de 85° frente a ti. Sólo la sombra del cuerpo interrumpe brevemente el círculo.

58. Reflexión en cristales de hielo

gira el bote de cristal

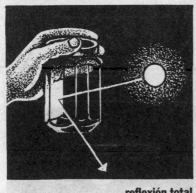

reflexión total

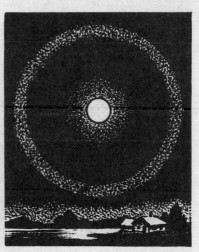

De vez en cuando, a una considerable distancia de la luna o del sol puedes apreciar un halo o gran anillo luminoso. ¿Cuál es la causa de este fenómeno?

La luz de los cuerpos celestes pasa a través de una fina nube situada a gran altura y formada por una infinidad de agujas de hielo hexagonales, reflejándose en la superficie de estos cristales. Pero lo que ves no es sino el resultado de una infinita cantidad de pequeñas reflexiones en una zona de cristales de hielo de forma anular. Puedes realizar la misma observación mirando por la noche una farola en la calle a través del cristal ligeramente cubierto de escarcha blanca.

Y ahora el experimento. Sostén un bote de cristal hexagonal lleno de agua a un lado de la luna y verás, al igual que en un cristal de hielo, la reflexión de la luz lunar en una de las superficies interiores del bote.

59. Peonza de colores

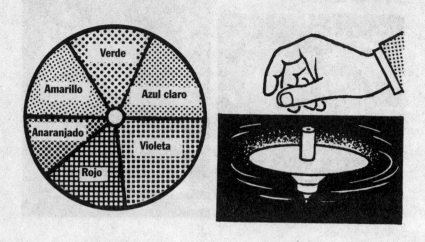

Recorta un círculo de cartulina blanca de alrededor de 10 cm de diámetro y coloréala con rotuladores tal como se indica en la ilustración. Pega el disco en un carrete de hilo de madera partido por la mitad, introduce un lápiz corto en el orificio y hazlo girar. Los colores desaparecen como por arte de magia y el disco da la impresión de ser blanco.

Los colores en el disco corresponden a los del espectro que compone la luz del sol. Al girar, los ojos distinguen los colores individuales durante un brevísimo lapso de tiempo. Sin embargo, dado que los ojos son demasiado lentos para distinguir la rápida secuencia cromática, los mezclan y transmiten al cerebro una imagen de color blanco.

60. Fibras ópticas

lámpara-fuente

haces luminosos

bolígrafo
luminoso

punto de luz

A través de fibras de cristal o de plástico finas, flexibles y conductoras de la luz puedes enviar un haz luminoso y transferir imágenes. Las fibras ópticas conductoras de la luz también se utilizan en la industria de las telecomunicaciones y en medicina.

Los haces de luz pasan a través de una fibra curvada siguiendo un recorrido en zigzag, reflejándose repetidamente en sus paredes.

¿Te apetece hacer un experimento? Pega un bolígrafo de los que emiten un haz luminoso (dentro de una bolsa transparente hermética) en el pitorro de una regadera. Si riegas en la oscuridad, el arco de agua brilla un poco, ya que algunos haces luminosos escapan a través de su superficie rugosa. Allí donde el agua incide en el suelo, se observa un punto de luz.

61. Ampliación inusual

Practica un pequeño orificio en un trozo de cartulina con un alfiler y mira a través. Si pones un periódico muy cerca de la cartulina, en la cara opuesta, podrás comprobar, para tu asombro, que la tipografía es mucho más grande y nítida.

Este fenómeno está causado por la refracción de la luz. Los rayos de luz que pasan a través del orificio se desvían y dispersan, ampliando las letras. La nitidez de la imagen, al igual que en una cámara fotográfica, es una consecuencia del efecto de exposición del pequeño orificio. La parte de radiación luminosa que la haría borrosa no se filtra.

62. Veteado

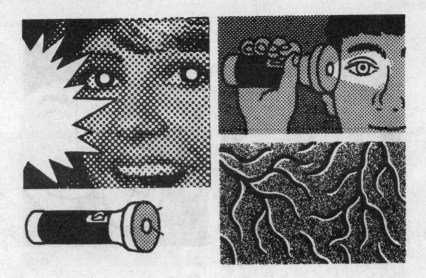

Cierra el ojo izquierdo en una habitación oscura y coloca una linterna cerca del ojo derecho, junto a la sien. Ahora mira hacia delante y mueve la linterna lentamente hacia la frente y luego regresa a la posición inicial. Transcurridos unos segundos, verás una imagen de gran tamaño, ramificada, parecida a un árbol.

En la retina hay vasos sanguíneos muy finos que no podemos apreciar. Si se iluminan lateralmente, proyectan sombras en el nervio óptico situado debajo de la misma, dando la impresión de una imagen que flota frente a ti.

63. Motitas en el ojo

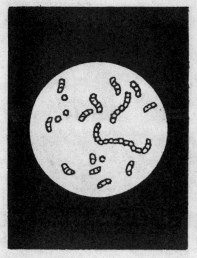 

Practica un orificio en un trozo de cartulina con un alfiler y mira una bombilla de luz eléctrica de baja intensidad a través del mismo. Distinguirás figuras peculiares que flotan, semejantes a burbujas diminutas.

¡No se trata de una ilusión óptica! Las figuras son minúsculas nubecillas en los ojos que proyectan sombras en la retina. Al ser más pesadas que el flujo líquido ocular, siempre descienden después de cada parpadeo. Si apoyas la cabeza a un lado, las motitas siguen la misma trayectoria, siguiendo los efectos de la fuerza de la gravedad.

64. Ojos brillantes

Retina
Cristales
Luz
Luz reflejada

¿Por qué brillan en la oscuridad los ojos de los gatos, perros, ciervos y otros animales nocturnos cuando les da la luz? La luz se refleja en un tejido especial que tienen en sus ojos, formado por miles de diminutos cristales, que curiosamente también son los responsables de los destellos que emiten las escamas de los peces. Estos cristales están situados detrás de la retina y actúan a modo de espejo, enviando el doble de luz al nervio óptico. Ésta es la razón por la que estos animales pueden ver bien en la oscuridad.

65. Mariposas sin rumbo

¿Por qué vuelan hacia la luz las mariposas nocturnas? En realidad, no las atrae, sino que las engaña. Por la noche, cuando vuelan, las mariposas se orientan con la luna. Saben que se están desplazando en línea recta siempre que la luna brilla en sus ojos desde el mismo lado. Pero cuando pasan junto a una farola situada en el lado opuesto, por ejemplo, se confunden. Se desvían de su trayectoria y se aproximan a la farola describiendo espirales para que la luz esté siempre en el mismo lado.

66. Luz en la playa

En las noches de verano, sobre todo después de llover, puedes ver cómo brilla el mar. En ocasiones se trata de un destello, y otras la superficie del agua despide un brillo blanquecino. Esta luz se debe a millones y millones de minúsculas criaturas, las *Pomacea flagellata*, que se pueden atrapar en un bote de cristal. La luz está producida por una sustancia que brilla más cuanto mayor es el suministro de oxígeno. De ahí que la cresta de las olas y las que rompen en la playa sean especialmente brillantes, al igual que las huellas de los pies o las líneas que trazas con el dedo en la arena húmeda, que pone en contacto con el aire a estas criaturas.

67. Bandas luminosas

Por la noche, cuando miras las luces de la calle con los ojos entrecerrados, se mezclan formando bandas verticales brillantes. Al ladear la cabeza, las bandas se inclinan, lo que demuestra que este efecto óptico está provocado por el ojo.

Tienen su origen en la reflexión de la luz desde el fluido lacrimal hasta el borde del párpado superior e inferior. Los ojos perciben la luz con normalidad, y el fluido, situado frente a la pupila y que se abre cuando los párpados están entrecerrados, refleja en la retina la luz de la farola en forma de largas bandas.

ILUSIONES ÓPTICAS

68. El conejo mágico

Mira este dibujo a una distancia normal de lectura. Luego cierra el ojo izquierdo y mira fijamente la varita mágica con el ojo derecho. Si ahora alteras lentamente la distancia desde la que estás observando el dibujo... ¡abracadabra!..., de pronto, el conejo desaparece.

La retina está formada por un gran número de terminales nerviosos sensibles a la luz: bastoncitos y conos. Pero existe una pequeña área en la que no hay y donde, en consecuencia, la luz es indetectable. Esta zona está situada allí donde convergen los nervios para formar el nervio óptico. Si la imagen del conejo se proyecta en este «punto ciego» al mover el dibujo, no puedes verlo.

69. El dedo que desaparece

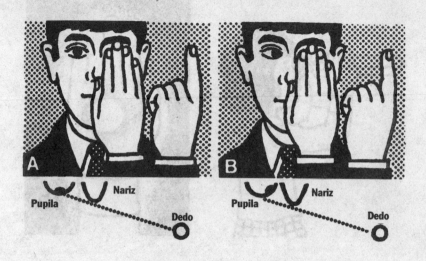

Tápate el ojo izquierdo con la mano derecha y mira al frente con el derecho. Levanta el dedo índice de la mano izquierda y colócalo a la izquierda de la oreja del mismo lado, en línea con la mano con la que estás tapando el ojo izquierdo. Desplázalo hasta que puedas distinguirlo (A). SI ahora mueves el ojo y miras el dedo (B), desaparecerá.

Este interesante experimento tiene una explicación geométrica. Cuando miras al frente (A), los rayos de luz que inciden en el dedo superan el puente que forma la nariz y se proyectan en la pupila. Pero si ésta se mueve a la izquierda (B), pasan de largo sin incidir en el dedo.

70. Un orificio en la mano

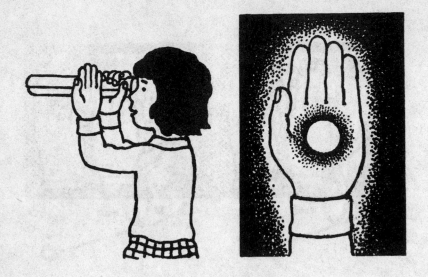

Enrolla una hoja de papel en forma de cilindro y mira a través del mismo con el ojo derecho. Sostén la mano izquierda abierta en este mismo lado, junto al papel. Cuál será tu sorpresa al descubrir un orificio que aparentemente atraviesa la palma de la mano. ¿Adivinas la causa de esta ilusión óptica?

El ojo derecho ve el interior del cilindro y el izquierdo, la mano abierta. Al igual que en la visión normal, las impresiones que recibe cada ojo se combinan para componer una imagen completa en el cerebro. Desde el interior del cilindro, la imagen, que se transfiere a la palma de la mano, está en perspectiva.

71. Cohete lunar

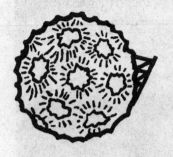 

Sostén el dibujo de manera que la punta de la nariz toque la estrella. Luego gíralo lentamente a la izquierda. El cohete vuela en el espacio y aterriza en la luna. Cada ojo recibe su propia imagen, y las dos impresiones se transmiten al cerebro, que las combina. Al tocar la estrella con la punta de la nariz, el ojo derecho sólo ve el cohete, y el izquierdo sólo la luna. Como de costumbre, las dos mitades de la imagen se combinan en el cerebro. Al girar el dibujo, no encoge, ya que ambos ojos bizquean y ven la misma imagen.

72. La bola fantasma

Coloca los dedos índice de ambas manos frente a ti de tal modo que queden unidos por la punta a unos 30 cm de la nariz. Mira la pared por encima de los dedos. Distinguirás una curiosa bola que parece estar suspendida entre las puntas de los dedos.

Al mirar por encima de los dedos, los ojos se concentran en la pared, pero aquéllos se proyectan en la retina de tal manera que las imágenes no se combinan en el cerebro. Ves las puntas de los dedos por duplicado, que finalmente se combinan para crear la ilusión óptica de una imagen esférica u oval.

73. «Los dedos en la nariz»

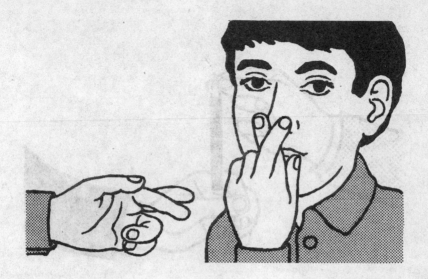

Cruza los dedos índice y corazón de una mano y colócalos a ambos lados de la punta de la nariz. ¡Tienes dos narices!

Al cruzarlos, la posición de los lados de los dedos se intercambia. Las caras, normalmente separadas, ahora son adyacentes, y ambas tocan la punta de la nariz al mismo tiempo. Cada una de ellas transmite al cerebro, como de costumbre, el contacto con la nariz, pero la transmisión es engañosa, ya que en realidad el cerebro no advierte que los dedos están cruzados.

74. Tiempo de reacción

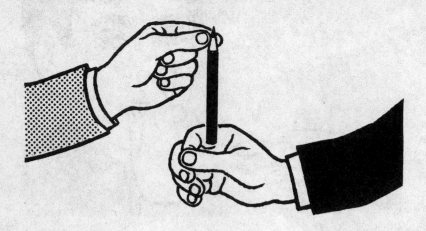

Sostén un lápiz sobre el puño ligeramente abierto de un amigo y dile que lo atrape cerrando la mano cuando lo dejes caer. ¡No podrá!

Cuando los ojos ven caer el lápiz, primero envían una señal al cerebro, transmitiendo a continuación la orden «Atrapa» a la mano. Se pierde tiempo en el proceso. Por el contrario, si haces tú mismo el experimento, siempre lo conseguirás, puesto que las órdenes de dejar caer el lápiz y atraparlo son simultáneas. El tiempo que transcurre entre la identificación y la respuesta se denomina «tiempo de reacción». En el caso de un conductor, el tiempo perdido en una situación peligrosa le puede suponer un accidente de fatales consecuencias.

75. Escritura confusa

¿Qué te apuestas a que no puedes escribir tu nombre al tiempo que describes un movimiento circular con una pierna. Sólo conseguirás un garabato ilegible.

Tal vez sea posible escribir en la misma dirección del movimiento de la pierna, pero cuando la cambias, los movimientos del lápiz se cruzan completamente, transfiriéndose a la escritura. Cada acción necesita tanta concentración que resulta imposible realizar las dos al mismo tiempo.

76. Error de escritura

Sostén una hoja de papel delante de la frente e intenta escribir tu nombre. Asombroso, ¿verdad? El nombre sólo se puede leer correctamente en un espejo.

Como de costumbre, has empezado a escribir por la izquierda y has terminado en la derecha. ¡Craso error! De haberlo pensado un poquito, habrías invertido el orden «empezar-terminar».

77. Te desviarás al andar

Pon una botella en el suelo en posición vertical y camina tres veces a su alrededor. Si ahora intentas caminar en línea recta hacia un objeto determinado, no serás capaz de hacerlo.

El órgano del equilibrio situado en el oído interno te ha jugado una mala pasada. Un fluido alojado en su interior empieza a moverse cuando giras la cabeza, y unas finas vellosidades se doblan, informando al cerebro de todo este proceso y asegurando que realizas los movimientos opuestos. Pero si giras bastante deprisa y te detienes bruscamente, el fluido sigue en movimiento, el cerebro reacciona como si aún estuvieras girando y describes una curva al andar.

78. Círculos engañosos

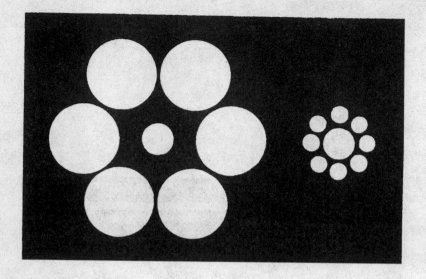

Mira estas dos figuras. ¿Cuál de los círculos centrales dirías que es más grande?

¡Son idénticos! En la mente subconsciente no sólo comparamos los círculos centrales entre sí, sino también con los que los rodean. De este modo, nos da la impresión de que el círculo central de la figura de la derecha es más grande que el de la izquierda. La misma ilusión óptica se produce cuando miramos la luna. Si está cerca del horizonte, la comparamos con los edificios y los árboles, en cuyo caso parece más grande que cuando está alta en el cielo.

79. La espiral mágica

Mira detenidamente esta figura. Una espiral, ¿verdad?
Pues no, basta un compás para comprobar que se trata de
círculos concéntricos. Aparentemente, las secciones individuales de los círculos se mueven en espiral hacia el centro de la figura. Esto es debido al tipo especial de fondo.

80. Medir distancias

Dibuja un punto en una hoja de papel y colócala frente a ti sobre la mesa. Ahora intenta acertar en él con un lápiz. Es fácil. Pero si cierras un ojo, casi siempre fallarás.

Con un solo ojo, es muy difícil calcular las distancias, ya que en general éste ve una imagen compuesta con la proyección de los dos ojos, lo que permite estimar la profundidad en el espacio. Cada ojo mira a un punto desde un ángulo diferente (fíjate en cómo se altera si te acercas al punto). El cerebro puede determinar la distancia al punto con una relativa precisión desde un ángulo más cerrado o más abierto.

81. Letras locas

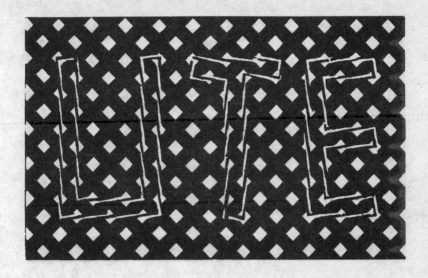

En la figura, las letras están bordadas sobre un fondo a cuadros con hilo blanco y negro. ¿Estás seguro de que están ladeadas? Compruébalo tú mismo con una regla: son rectas. Debido al fondo de bandas inclinadas, los ojos sufren un desplazamiento engañoso en la silueta de las letras.

82. Espejismos

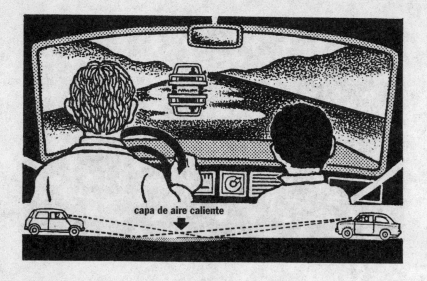

capa de aire caliente

En los días calurosos se pueden ver reflejos en las carreteras asfaltadas que parecen charcos de agua. ¿Cuál es la causa de este fenómeno?

El asfalto, de color oscuro, absorbe la luz del sol y se calienta. Sobre la carretera se forma una fina capa de aire caliente cuya densidad óptica es menor que la del aire más frío de las capas superiores. Cuando los rayos del sol pasan de un estrato a otro ópticamente más denso y en un ángulo más cerrado, se reflejan y se produce un fenómeno natural que en las regiones desérticas se conoce como «espejismo». Cuando sopla el viento, los reflejos disminuyen, ya que la capa de aire caliente se disipa.

83. Reflejos peligrosos

La presencia de vegetación abundante en el jardín (árboles y arbustos) propicia el impacto de los pájaros en las ventanas de las casas. Especialmente en las áreas de sombra, los reflejos del entorno soleado engañan a los pájaros. El impacto con el cristal puede matarlos, aunque en general sólo suelen quedar aturdidos. Si recoges alguno, ponlo en un lugar seguro a resguardo de los gatos. Para evitar el peligro que suponen los cristales puedes atar una cinta en el marco exterior de la ventana para que ondee al viento. O mejor aún, recorta la silueta de un ave de presa, como por ejemplo un halcón, en una hoja de cartulina negra y pégala en la ventana.

84. Fonógrafo

Fotocopia o dibuja en una hoja de papel la ilustración superior y muévela en círculo. El disco dará la impresión de estar girando.

El movimiento aparente del disco obedece a múltiples causas. Al mover la ilustración, la incidencia de la luz, que cambia constantemente, así como el ángulo de observación, producen en el ojo áreas claras y oscuras en movimiento que dan la sensación de desplazarse por la superficie del disco. El ojo es incapaz de seguir ese desplazamiento tan rápido, identificándolo como la rotación normal del disco.

85. La estafa de la moneda

Coge dos monedas iguales con el pulgar y el índice, y frótalas tan deprisa como puedas. Si te fijas, distinguirás una tercera moneda que, según parece, se mueve de atrás hacia delante entre las otras dos. ¿A qué se debe esta asombrosa ilusión óptica?

El ojo reacciona con una excesiva lentitud para poder seguir el rápido movimiento de las monedas, cuya imagen permanece en la retina durante milésimas de segundo, aunque en realidad se han desplazado. Así pues, vemos las dos monedas en movimiento y la «post-imagen» de una tercera moneda.

86. Efecto cinematográfico

Si te detienes delante de una valla de listones, sólo verás un poco de lo que hay en el interior a través de los huecos entre listón y listón, pero si pasas junto a ella en coche, te parecerá casi transparente. ¿Por qué?

Nuestros ojos son muy perezosos. Cuando conduces, la imagen que perciben a través de cada hueco de la valla persiste en la retina durante un breve instante hasta que la imagen pasa a través del hueco siguiente y vuelve a persistir. Las impresiones individuales de las imágenes se mezclan y forman una imagen coherente, como en una película, donde en un segundo pasan veinticuatro fotogramas sin que se aprecie salto alguno entre uno y otro. Dado que los ojos se centran en los objetos iluminados en la distancia, detrás de la valla, perciben los listones oscuros, que pasan rápidamente a modo de fondo, componiendo una superficie borrosa.

87. Ruedas en una película

12 fotogramas por ½ seg

Muy a menudo, en las películas de cine, las ruedas de una diligencia o de un automóvil parecen inmóviles o incluso girar hacia atrás. ¿A qué es debido?

Durante la filmación, las imágenes se exponen doce veces por cada medio segundo. Cuando una rueda con doce radios completa un giro cada medio segundo, dichos radios mantienen la misma posición en los doce fotogramas, de manera que al proyectar la película, da la impresión de que la rueda esté inmóvil. En tal caso se dice que los fotogramas y los radios corren sincrónicamente. Cuando las ruedas se desaceleran un poco, cada radio se sitúa un poco más atrás en cada fotograma, dando la sensación de que está girando hacia atrás.

88. Sucesión rápida de imágenes

Puedes observar fácilmente la frecuencia de emisión de tu televisor con un círculo de cartulina negra con cinco bandas blancas superpuestas, tal como se indica en la ilustración. Enciende el televisor, apaga la luz de la habitación y haz girar el círculo delante de la pantalla con la punta de un lápiz hincado en el agujero. Las bandas blancas no tardarán en dejar de dar vueltas, luego se moverán hacia atrás y se duplicarán en número. Cada segundo se emiten treinta imágenes y, después de cada imagen, hay un breve lapso de tiempo en el que la pantalla se oscurece. Si el círculo de cartulina da exactamente seis vueltas por segundo, la secuencia de las imágenes y la revolución de las bandas tendrán el mismo ritmo, dando la impresión de estar inmóviles. Si el círculo se desacelera, las bandas parecerán girar hacia atrás hasta quedar iluminadas cada doceava parte de giro por una imagen televisiva, percibiendo diez bandas inmóviles.

89. Dibujos animados

Fotocopia y recorta las dos tiras de película de esta página y pégalas juntas por el borde superior, con la número 1 encima. Con un lápiz, enrolla y desenrolla rápidamente la tira superior. ¡La imagen se está moviendo!

Las impresiones de las imágenes percibidas por los ojos se mezclan en el cerebro y producen el efecto de movimiento. Este «efecto cinematográfico» parece muy simple en este caso, ya que sólo está producido por dos imágenes. En las películas de cine normales, pasan veinticuatro imágenes por segundo, y en televisión, treinta. De ahí que las veamos como una secuencia ininterrumpida de movimientos.

90. Película de animación

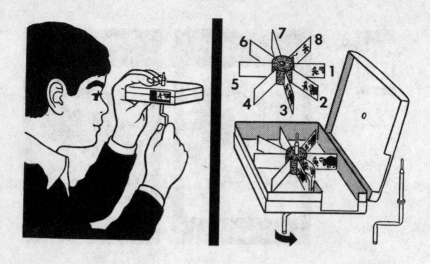

Fotocopia y pega en una hoja de papel una de las tiras de película de la página siguiente, recorta las ocho pequeñas imágenes y fíjalas por orden en un tapón de corcho en el que previamente habrás practicado tantas hendiduras como imágenes hay en la tira. Corta el panel lateral de una caja de bombones o de camisas y pega dos tercios de la misma en ángulo recto, mirando hacia dentro. Pinta de negro el interior de la caja, o fórrala con papel de este color, y practica dos orificios en el centro de la base y de la tapa. Construye una manivela con una mina portatinta usada de bolígrafo (véase ilustración), acóplala a la caja por el orificio de la base y ensarta el corcho, previamente agujereado, de manera que quede bien sujeto. Si haces girar la manivela hacia la derecha, las figuras se moverán.

Al hacer girar la manivela, el ojo percibe cada imagen durante un brevísimo instante, e inmediatamente queda sustituida por la siguiente. Dado que los ojos son muy perezosos, cada imagen genera una «post-imagen» cuando ya ha desaparecido. Las imágenes individuales se mezclan entre sí y dan una impresión de movimiento. Este descubrimiento se realizó en 1830, y hoy en día, el equipo cinematográfico moderno sigue funcionando sobre la base del mismo principio del sencillo proyector que acabas de construir.

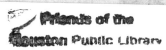